50 ANIMAUX Pop ART
COLORIAGE POUR ADULTES ET ADOS

3VM EDITION

Félicitations !

Tu vas pouvoir nous montrer ta fibre artistique !

Voici quelques astuces avant de commencer...

- Mets une feuille derrière la planche sur laquelle tu travailles, afin d'éviter qu'elle ne déteigne sur la prochaine;

- Évite d'utiliser des feutres à alcool pour ne pas abîmer ton support;

- Suis notre page Instagram (Flash le QR code ci-dessous) et montre nous tes plus belles réalisations en nous taggant : nous serons ravis de les partager !

Cela te permettra également d'être au courant des sorties de nos prochains livres de coloriage !

Merci à toi pour ta confiance !

N'hésite pas à nous laisser un avis sur Amazon afin de nous encourager à créer toujours plus de contenu !

www.instagram.com/3vmedition_ShareMyArtwork
www.facebook.com/ShareMyArtwork
www.pinterest.fr/3vmedition_ShareMyArtwork

www.ingramcontent.com/pod-product-compliance
Lightning Source LLC
Chambersburg PA
CBHW080250180726
47999CB00020B/2953